내 이름은 설목이란다

우리詩 시인선 086

내 이름은
설목이란다

박태근 시집

우리詩 움

시인의 말

책장 넘기다 보면 맛이 구수할 겁니다

가다오다 길가에 널브러진
쫀득거리고 찰진 이야기가 핸드폰 메모장에
다시 108개 이름표를 달고 각자 한 자리씩 차지하고선
이제 시도도 되었으니 바깥나들이 나가자고 보챕니다
시인이 아니었을 때도
쭉 모아 온 자작시 108개에 이름표를 달아
무지해 무턱대고 얼굴 내민 『내 이름은 단풍이란다』
첫 시집이 바깥나들이 나갔었으니
이번에도 아명인 태용 이름처럼 용이 되어 용감무쌍하게
훨훨 날아 세상 나들이 나가 보자고 보챕니다
아서라 첫 출간 때는 그랬드라도 두 번째 시집 출간인 만큼
세수 시키고 꼬까옷 입혀
사람들 입에 오르락내리락하면서 고개 끄덕이고
으음 하는 소리 들어야지
그게 혼자만의 꿈틀거린 욕심일지 모르지만, 말입니다
그래서
어설프지만, 단장시킨다고 시킨 내 주옥 같은 자식
태어났으니 세상 구경만은 시켜 주어야겠다는 심사로
또 다시 데리고 나왔습니다
첫 시집 출간한 그해에
육십 대 중반인 늦깎이 나이에 등단한 시인이 되어
창호 건축업을 한 노동자가 현장에서 다녀 간 108편을 모아 온
두 번째 시집 『내 이름은 설목이란다』입니다
좀 어딘가 어설프다 싶어도 맛을 보시면
걸쭉한 막걸리처럼 술술 잘 넘어가실 겁니다
그런대로 맛도 구수할 거고요

2025. 11
박태근

/차례/

○ 시인의 말 •5

제1부 땀방울이 헤 웃는다

특석에 앉은 냉이 •13
바람아 불어라 •14
석양 •15
멀건 물이 뺨을 적신다 •16
바쁘단다 •17
건장한 살 오르시게 •18
빈 대접에 땀방울 통 •19
장편掌編 소설 •20
존일에 가지 •22
굳은살 •23
가을 아침 출근길 •24
조잘거리고 싶다 •25
노동가 •26
건축물 •27
내 이름은 설목雪木이란다 •28
살아 있다 •29
붙잡혀 내려앉은 금맥 •30
까분다 •31
또 부름세 •32
땀방울이 웃는다 •33
눈물 닦으세요 •34
삼복에 핀 꽃들 •36
허허 웃는다 •38
곳간 문을 열었다 •39
비바람이 미리 보여 준 가을 •40
제금 나간 자식 •41
현관 보초병 •42
꼬락서니 •43

제2부 일부러 나왔담서

상사화 •47
순애純愛 •48
귀가 •49
들새 •50
맴 속에서만 살다 •51
몸 좀 아끼시오 •52
연꽃 •53
연緣 •54
제 눈이 안경 •55
비린내 난 허리띠 •56
동짓날 •57
한민족 •58
눈님 친구들 •59
홑사랑 •60
일부러 나왔담서 •61
봄 아씨들 •62
연분홍 꽃 가락지 •63
막연한 미련 •64
하얀 면사포 •65
장미를 껴안을까 싶다 •66
신바람 •67
별놈의 생각 •68
입술 맛 •69
한량 •70
가을 잎새 •71
불이다 불 •72
구름 낀 가을날 •73
눈 구경이나 하시게 •74

제3부 창 끝에 찔렸다

봄비 •77
덤으로 준 하루 •78
기우 •79
빨간 머리핀 •80
묵상默想 •81
빨간 잎새 한 장 •82
홍시 맛 •83
찬 날 가로수 •84
창 끝에 찔렸다 •85
능소화 •86
하얀 투망질 •87
흰 백 천지 •88
겨울비 •89
매화꽃 •90
함께 울어 보세 •91
합방 흔적 •92
시집가셨나 •93
태풍 •94
밤꽃 •96
햇빛 예찬 •97
초행길에 첫 대면 •98
가을을 밟았다 •99
땅거미 푸념 •100
술잔 대작 •101
게으름 피운 날 •102

제4부 이름표는 달아 줘야지요

땅따먹기 •105
땅 허물고 길 허물어 •106
타령가 •108
어르신 뒷심 •109
이게 꿈이다 •110
사진 한 장 •111
가을 탄 사내 •112
이름표는 달아 줘야지요 •113
광천 오일장 •114
시상詩想 •116
빈 휠체어 끄집고 집에 왔습니다 •117
상尙 향饗 •120
조숙한 진달래꽃 •121
개망초 •122
정월에 온 봄 전령 •123
정월 초사흗날 울 엄마 •124
고향을 먹었다 •125
아지랑이 날갯짓 •126
담양 관방제림 •127
모내기 •128
생강나무 꽃 •129
보릿고개 •130
이럴 때도 있어야지요 •131
까마귀 울음소리 •132
뭉게구름 •134
가을 배 한 척 •135
시작은 있어도 끝이 없다 •136

제1부 땀방울이 헤 웃는다

특석에 앉은 냉이

다랑이 두둑에
삽자루 끄집은 소리에 뿌시시 일어나
여리디여린 내음 하나 믿고
꾀죄죄한 냉이 씻지도 않았는데

할미꽃 손에 이끌려
아지랑이 타고 넘고 건너다
마실 나온 아씨 콧등에 올라타
햇살 바구니 품에 안겨
찰카닥 카메라 영상 속에 사로잡혔다

씻기고 데쳐 몸 단장시켜 주시더니
식탁 위에 특석을 잡아 주셔
조신하게 젓가락 오길 기다리고 있다

바람아 불어라

시골살이가 그리 팍팍했더냐
도회지 보도블록에 살림 꾸리게

우리네도 무작정
도회지 언저리에 세간살이 차렸었지
그래도 새끼들은
억척스러운 땀방울 받아먹고 잘도 영글더라

민들레 너희도
이 사람 저 사람 발길에 밟혀도
질긴 생명력 하나 믿고
곱게 꽃을 피웠구나

이왕지사 왔으니
새끼들 명당 터 찾아가게
줄기 높이 세워 바람이 회오리칠 때
홀씨 의지해 보시게

석양

몽당*에서
오느니 기다린 것이오
지샐 밤을 기다리시오

당신네 깊은 사색이 만사를 덮으려 하오
세상사 너무 무거우시면
저물기 전에 우중충한 떼구름
몽당에 내려놓고 가시지요

말문 닫은 채
멀거니 구름 사이로 홍당무 되어 쳐다보시면
쳐다본 저 사람 어쩔 줄 몰라
가슴이 저립니다

  * '산꼭대기'를 뜻하는 전남 사투리

멀건 물이 뺨을 적신다

여명 선에 걸친 붉은 점 하나
서두른 일꾼 발걸음 아래
벌겋게 적셔 일터로 가자 재촉한다

머릿속에 일머리뿐인 사람
점심 숟가락 놓고 바로 일손 잡자
옆에서 다른 사람도 생각해야지 수군거린다
겸연쩍어 못 이긴 척 오수할 자리 잡았다

입 언저리 뺨 적셔
일하자며 멀건 침이 깨워
용하게 일하러 용수철처럼 튀어 올라
일손 잡는다

바쁘단다

느을
종종걸음에 부산한 사람
맨날 바빠 푹푹 찐 삼복더위에
이마에 맺힌 땀방울 주름 타고 내려
샘물같이 맑은 눈에
염기 스며 혼탁해질까 싶소

그 환한 얼굴에 자꾸 손등으로 훔쳐
고운 이마 짓물러 쓰라리면
안쓰러워 어쩌지요
눈에 넣어도 아프지 않은 그 사람
눈에 밟혀 내 눈이 쓰라립니다

건장한 살 오르시게

태곳적 나이 까먹어
몇 살인지도 모르시는 햇살
텃밭 가랑이 은밀히 찾았다가
구름에 가려 그늘지면
바깥 사정 모르고 토라질까 싶다며
담소 나눌 그림자 남겨 두고
자리 비울 줄도 안다

기다린 너나 찾은 나나
느을 한결같이 쳇바퀴 돌리고
도도히 뽐내며 반도 텃밭 경작하려면
보기 좋게 건장하게 살 올라
사라져 간 존칭 고모 이모 삼촌
가랑이에 주렁주렁 매달아 번잡해야 할 텐데
한 발짝 물러서서 보니
구만리 밖 앞날이 태산이다

빈 대접에 땀방울 퐁

아우 더워
손바닥 부채질
살짝 분 손바람에도 느낀다
흔들리는 가지만 보아도 시원하다

한 잎 두 잎 철들려고 찾아온 당산나무에
푸짐한 통치마 그늘 아래로
중복 엉덩이 비집고 앉는 날

이열치열 덕에
고깃국 한 그릇 후루룩
어허 시원하다
빈 대접에 이마 땀방울
토~옹

장편掌編 소설

휴
쉬러
들어간
발걸음이
잠에 사르르
드러누운 자리
눈꺼풀이 감긴다
잠이 든 나는 모른다
무념무상 무동 무의식
몸 이리저리 뒤척거릴 때
있을 법한 일들이 일어난 꿈
이게 우리에겐 생시처럼
잠시 잠자리에 나타나
희로애락을 느낀다
심신을 파고들어
움틀거린 씨앗
미연에 표한
가상현실
예지력
개꿈

내
잠자리 장편掌篇 소설이다

존일에 가지

쿨쿨 품어 낸 열기
이승을 다 태우려는 심사냐

얄미운 더위야
아우성치는 저 소리
탄식 먹으니 배부르더냐
두고 보자
희姬를 향할 내 뜨거운 열애가
너를 저만치 밀어내어
가을이면 따끔히 팔뚝 꼬집을 거다

너
그땐
부러워 화火 삭인 채
단풍잎 뒤에 숨은 네 모습
힐긋 보게 될 이 고얀 더위야

굳은살

빈둥거리다
일터에서 주인을 잘 만나
제집 지으려 손바닥에 터를 잡았다
짓다 보니 거칠고 단단해진 굳은살 집

쓸모없이 자꾸 높아진 가옥
깎아 보기도 하고 허물어 보아도
터를 제대로 잡아 터줏대감이 되었다

두툼하고 야무진 녀석
만난 분들과 인사하려 치면
손안에 박혀 먼저 나선다
근성이라 그냥 두었더니
첫인사로 명함 노릇 잘도 한다

가을 아침 출근길

길거리에 사람들
어제보다 오늘 차림이 두툼해졌다
아침 공기가 가르치려 든다
입어라 싸늘하다
이왕 입었으면 멋도 부리지
의복이 날개인데

봐라
옷맵시 멋들어진 저 아가씨
눈 돌릴 틈도 없이 바쁜 출퇴근 시간
그래도 시선이 쏠린다
추스르자, 우리도
가을날 아침 공기가 바꾸었다
너도나도 카멜레온
산뜻한 가을 아침이다

조잘거리고 싶다

차가워진 날에
오히려 몸이 화끈 달아올라
입었던 옷가지 바람에 딸려 보내고
몸매를 자랑한다

야 야
가로수야 남사스럽다
입마개로 입 코 가렸지
두 눈까지는 가리지 않았다
다 보인다, 활개 친 너희 모습

코로나야 제발 가든지 죽어 다오
우리도 마스크 벗고
제 살맛에 잘난 낯짝 자랑하고
서로 얼굴 맞대어 조잘거리고 싶다

노동가

가자 가
오늘도 일하러 가자
밤새 기와집 지어 보고 허물어 본 집
온기 생기 돋은 도면 들고
일들 가세나

우지직 뜯어 젖혀
산뜻한 자재 제자리에 찾아 세우고
도취한 근성으로 손들 맞대어
농弄 섞어 가며 뚝딱뚝딱 일들 하세나
헌 집 가고 새 집 만들어
끝내 주게 꾸며들 보세
우리 꾼들아!
후 으응~

건축물

건축 현장
한쪽 눈 찡그려
손바닥 끄떡끄떡
엄지 검지 오케이 신호
신들려서 쩌렁쩌렁 울린 메아리
멈추어 섰다

펄펄 끓여진
땀투성이 진한 육수
퀄퀄 쏟아져 메꾸어진 시멘트 타설
요리저리 잘도 찾아들어
자리 찾아 너도나도 한자리씩 한다

아그들아!
다들 잘됐지
세월이 어디인데
척 봐도 딱 ㅣ 뚫을곤 ― 한일자다
하늘과 땅 사이 수직 수평 말이다

내 이름은 설목雪木이란다

설목雪木 품 안 째그만한 움이
수단이 넘 좋아
꽃샘을 북으로 일 년 출장 보내 놓고
연두색 잎새 아기씨 되어
젖 내음으로 바람을 꼬드겨 쌓더만
연분홍 꽃 담요에 애를 낳았다

출싹거린 새끼들
떠날 때가 되었나 까불다 조신해
과실 무게에 허리가 휜다

잎새로 태어난 너희 엄마도
떠나려 한 땀 두 땀 장만한 단풍 수의복 입으니
보는 눈이 있어 사람들은 아름답다 탄복한다
시린 내 가슴은 미어지고 스산해
껴입는 하얀 나잇살에 설목 돼
여느 해와 같이 품에 움을 껴안고 있다

살아 있다

길거리에 내린 눈
가로수 발등으로 치운 자리에
나는 버스를 기다린다

몰염치하게 스며든 담배 연기
역겨워 버스 정류장 낯이 인상 찌푸린다
행선지 안내판은 비위라도 맞추련 듯
금세 버스 불러들인다

다급한 나머지 허겁지겁
가로수 허벅지에 꽁초 짓이기고 떠났다
뜨거워도 뜨겁다 말 못 하는 가로수
덴 살갗에 허얀 눈이 녹아
진물이 되어 흐른다
살아 있다

붙잡혀 내려앉은 금맥

해 질 무렵
민초들 달려들어
인왕산을 곡괭이 자루 삼아
초승달 곡괭이로 찍어 내린다
콧대 높으신 낙락장송
화들짝 놀라 송홧가루 털어 숨는다

적셔 내리신 빗방울에
붙잡혀 내려앉은 송홧가루
서울 아스팔트 바닥에 내려앉아
금맥 광산이 곳곳에 즐비하다

허리 펼 틈도 없는 우리 형아, 누나
영특한 이 독차지하기 전에
금맥 찾아 형편 좀 피셨으면 좋겠다

까분다

트럭 엔진 소리가
달리며 허공 가슴배기 간지럽혀
까분 바람이 뒤따르며 깔 깔
길 논 밭 산으로 간다

푸른 살이 오른 과수원
잎 비비고 스쳐 지나다 보니
웃음보 터진 가지들이 자지러져
엄니 젖꼭지 문 아가 호스워 까불거린다

어어 너는
털이 뽀송한 아가 복숭아

또 부름세

이글거린 태양
그 꼴을 못 본 먹구름은
서로 드시려고 번쩍 우두득 쾅
씹어서 찢어진 소리
드셨으면 그냥 가실 일이지
흘린 땀방울 장대비 되어 세차게 뿌리시나

우리 누나 허리 휘어 일구신 일 년 농사
흙탕물에 잠겨 휩쓸려 갈까 싶고
궂은 날씨 몇 날 며칠 이어지면
하루 벌어서 하루 먹은 형아들 어찌 살라고
이보시게 먹구름들아!
만찬 끝났으면 해님 이만 놓아 주시고
내 땅 위에서 그만 떠나시게

내 땅 메마르면
한 상 차려 놓고 또 부름세

땀방울이 웃는다

햇살에 살갗이 쏘여
송골송골 맺힌 땀방울
줄줄이 살결 타고 흠뻑 흘러
젖은 옷이 제 살인 양 척척 엉겨 붙는다

이마 훔치고
옷자락 떠들어 펄렁여도
살갗이 짓무른 지 쓰라리고
눈썹에 맺힌 땀 이슬
손등으로 닦고 닦아도 눈이 쓰라린다

일이 없어서
마음고생하는 것보다는
벌건 뙤약볕에 쏘여도 일할 수 있어
바닥에 떨군 땀방울은 헤 웃는다

눈물 닦으세요

쏟아지는 빗소리가
달리는 자동차 소리보다 커서
밖을 멍하니 바라봅니다

아스팔트에서 튕겨 오른 물방울
태초부터 핀 물꽃 송이만큼이나 무수해
송이들이 뒤섞여 아우성칩니다

너 나 할 것 없이 차바퀴가 갈리고* 가니
떼거리로 물들이 화가 났나
거치적거린 모두를 우두둑 씹으며
거침없이 내려갑니다

아아! 먹구름님 그만 우세요
뙤약볕에 동기간이 타 죽어 슬픔이 큰 줄 알지만
흘리는 눈물 때문에 아수라장 되어 못 살겠다
목숨 부지한 생물들이 난리가 아닙니다
이만 눈물 거두세요
뚝

* '바퀴가 짓눌리고 가다'는 뜻

삼복에 핀 꽃들

더위가
꽃들을 피워 데리고 다닌다
계곡
바다
길거리
아름답게 피어 돌아다닌다
일 년 열두 달
이맘때만이 볼 수 있는 대장관이다

몸매 돋보이려 아슬아슬하게 핀 꽃
뙤약볕이 꽃등이라
꽃잎에서 땀방울이 툭툭 떨어진다
손으로 훔쳐 보지만
얇으란 천 조각이 젖기라도 하는 날엔
더 매혹적이다
더위와 한 몸이 되어 핀 꽃
이때 아니면 언제 구경할 수 있을까

아득하게 그어 내린 빛의 형상
아! 저 육신이 꽃이 되어

삼신까지 홀리어 끌어안았다

허허 웃는다

하늘과 땅에
벌겋게 끓은 불꽃이
오로라처럼 빌빌 꼬아
사방을 들쑤시고 돌아다니다
제풀에 지쳐 잎새 품에 숨기도 한다

힘없이 분 바람에도 흐느적거린 풀잎
덥긴 더운가 보다

저놈의 먹구름 빨리 오지
뒷짐 짓고 양반걸음으로 오시나
시원히 내리는 여름 소낙비
길 건너엔 억수같이 쏟아지는데
이쪽에선 종무소식이니 허탈해 허허 웃는다
그래도 시원한 바람이 찾아와 주니
이 얼마나 반가운 손님인가?

곳간 문을 열었다

큰 입으로
가을 햇살 먹던 밤송이
고추 따는 아낙을 한참 쳐다본다

주섬주섬 고추 따느라
얼굴에 맺히고 소매 밖으로 내민 땀방울
바람 그리고 따끔거린 햇살이
먹고 또 먹어도
못다 먹은 땀방울 밭에 떨어뜨린다

안쓰러웠는지 가을 문턱에 앉은 밤송이
가득 찬 곳간 활짝 열어
밤도 줍고 짬 내 쉬시라며
가지 흔들어 그늘로 오시라 손짓한다
툭 툭 밤알이 내려온다

비바람이 미리 보여 준 가을

갑자기 대낮이 어스름해지더니
안산 현장을 돌아보고 사무실 가는 도로가 어둑해
1톤 트럭 눈에 쌍심지를 켰다

눈이 부셨는지
짜증이 난 먹구름은 뇌성을 내려보내
나무라듯 큰소리치고 번쩍 오싹하게 겁주지만
나는 번갯불 빛에 보았다

겁에 질려 움칫거린 은행알
살이 잔뜩 오른 채 은행잎 품에 숨어
놀란 토끼 눈으로 얼굴을 누렇게 떨고 있다

1톤 트럭을 후려친 소낙비가 소리친다
당신은 잘못 보았소이다
차 앞 유리창을 가로막고 나선다
부러시를 바쁘게 휘저어 내쫓아 버려도
쏟아부으며 외친다
천기누설 된 가을을 당신은 미리 본 겁니다

제금 나간 자식

비에 젖은 바람은
반소매 살갗에 잔털 세웠고
살갗 파고든 비 때문에 입술이 파르르

온도가 곤두박질치던 날
애써 키워 놓은 새끼들 절로 큰 줄 알고
꼭지 끊고 떠나더랴

터 잡았으면 거죽 가져다 주랴
임자! 모르는 소리
제 복은 태어날 때 제 모가치 가지고 오니
염려 놓읍시다

떠난 새끼들
인기척이나 있는지
바람 인편에 핑 다녀오게 하리라
에헴!

현관 보초병

부딪치고 긁혀 흠집투성이인 살갗
색이 바랬어도 다부진 250mm 가죽 작업화
다소곳이 새벽부터 주인을 기다려
당차게 여문 사내 따라나선다

고층 난간에서 위태롭게 일한 당신
쳐다보면 오금이 저려
간이 콩만 해져도 발목 붙들었고
험하고 궂은 곳 앞서라 손짓하면
군말 없이 수족처럼 늘 따랐다

내 몸이 쌩쌩하는 한
낮엔 현장에서 밤엔 현관에서
식솔들 행복과 보금자리 지킨 현관 보초병
나는 250mm 왜소한 작업화다
오기가 가득 찬 일꾼이다

꼬락서니

살려고 누리려고
저잣거리에 떠밀린 몸뚱아리
닳아지지도 않아
괜찮을 것 같아 이제껏 부려 먹었다
사방팔방 돈벌이라면 눈이 멀어
휘젓고 다닐 땐 입 다물고 있더니
세월 놈 이놈이
이제야 나잇살이나 드니 불평이다
아~이고 허리야 무릎이야
쿡쿡 쑤신다 아린다
작작 하시지
글쎄 말이오
후회는 하지 않으려오
입고 먹고 새끼 가르치고 살았으니 말이오

제2부 일부러 나왔담서

상사화

밤낮으로 떴어
매미가 하도 울어 보채
넘 서둘러 알몸에 꽃핀 상사화
어두움이 가렸어도 참 곱소
그 낮에 스며든 당신은 더 곱구려
승강기 탈 줄 알려는가 모르겠네
멀미하지 않으면 백자 속에 몸 가려
갓방* 시렁**에 고이 모셨다
사람 잠들면
슬쩍 건너와 홑청 함께 덮고
소곤소곤 얘기하다
잠 한번 들었으면 쓰겠소

* 집 가장자리에 있는 방
** 방에 긴 나무나 대나무로 만든 선반

순애純愛

간드러진 바람이
헐렁한 윗도리 슬쩍 들쳐
사월을 거느리려
속살 연두색 살결 들여다보여 준다

후끈 달아올라 머뭇거리는 새

안하무인인 벌과 나비
금세 신혼집 신방 뻔질나게 들어
버무린 흔적 분 바른 몸으로 휠 떠난다

비벼 섞여 태어난 새끼들
잎새 품에 매달려 대롱대롱 호습단다

귀가

퇴근하는 흐뭇한 걸음짓
가뿐한 가방 하나 어깨에 두르고
가로등 불빛 품 안을
어스름한 저녁 길 데리고 귀가한다

저기 찰진 색시
건장한 가로등 불빛 경호 받으며
찬거리 사 들고 귀가한 모습
너무 고와 사

뒤따른 걸음 절로 힘 솟구쳐
흥얼거림 데리고 현관문 들어서서
오늘따라 왜 이리 곱소
숨넘어간 넋을 건넌다

들새

저 산 넘어
육지에 누가 계셔
맨날 멍하니
먼 산만 바라다본 거요
통 그 속을 들여다볼 수 없구려
짐작건대
바지춤에 물 적시지 말고
하얀 구름이 만들어 놓은 이정표 따라
겨드랑이에 날개 달아 들새 되어 오란 거요

품 팔아 날개 달고 오려면
기다릴 시간이 꽤 지체되실 텐데
보고파도
그때까지 기다릴 모양인갑네

맴 속에서만 살다

희姬야
네가 좋아서
벅차 끓어오른 설렘 하나
있는 듯 없는 듯
마음 한구석에 셋방 꾸렸다
들고 나설 때 들여다보기 딱 좋은 문간방

들락거린 세월에
맴속에서만 살았던 희姬
다 닳았을 것 같은 돌쩌귀 핑계 삼아
이제 떠나겠다 언질 줄까 싶어
콧등 꼬집어 보았더니
여전히 콧등을 톡 쏜다

몸 좀 아끼시오

무엇이
그리 늘 바쁘실고
우거진 그늘 바람에
옷깃 맡겨 펄렁거려 보이소

이마에 처진 머리카락 몇 가닥
손가락으로 추켜 올려
곱상한 얼굴 가꿔 호사도 누려 보시제

지금껏 욕심이 지탱해 준 몸뚱이
이녁이라 부른 이 사람
몸 축나면 대신 할 수 없으니
존일에 몸 좀 아끼시오

연꽃

납작한 잎사귀 띄워
연화가 오란 갑다
사풋사풋 들어간 미풍
설렁한 바람 일으켜 나울거린다

단아해 접근조차 어렵더니만
곱다란 옷 춤을 헐렁하게 풀어
한 주름 두 주름 벗어 물결에 띄운다

놀라 눈 비볐던 손 떼자
듬성듬성 머리가 난 멀대 같은 놈
진즉 품 안에 자리 잡고 있어
반해 꿀꺽 삼킨 넋이
목에 걸려 울대뼈가 돼 튀어나왔다

연緣

이으려는 연緣
무렵마다 끄나풀 풀었다

늘 바빠서인지
잡은 줄이 시원찮아
이으려는 찌 미동이 없어
기다림에 지친다

거듭
매듭지어 이으려다
억지 쓴다 싶어
그냥 지나쳐야 할 모양이다

해가 가기 전 그 집 앞에서
인기척이나 있는지 헛기침해 본다

제 눈이 안경

냇가 물에
세월이 떠내려간다
붙잡으려
소매 걷어붙이고 들어간 지기

하얀색 흑색이 섞인 연화年華 끈
한 가닥 두 가닥 물 위에 늘어뜨려
나잇살 감춰 버린다

물 위에 둥둥 뜬 얼굴
뽀얗게 영글어 낯이 설인데
햇살이 탐내 물결 위로 바짝 다가오고
떼 지은 송사리는 입술로 쪽쪽

그런 널 사
샘나 얼른 집에 가자고 보챘다

비린내 난 허리띠

늘 넉넉하신 동해
은빛 머리카락 길게 늘어뜨리고
남북으로 비스듬히 누워
뛰는 심장 박동 파도 걸음마 달랜다

출렁 다가온 당신 손결
모래성 위에 서성인 사람은 우리인데
아는 체도 하지 아니하시고 사구만 쓰다듬으시며
피비린내 난 호랑이 허리띠만 살펴보신다

선대 조상님 남북으로 왕래나 있으신지요
쪽빛 허공에 계신 조상신이여!
비린내 난 저 허리띠
언제까지 두고 보시렵니까
우리 대에 제거할 수 있도록
두루 살펴 주소서

동짓날

기나긴 밤
양 옆구리 채우고도 또 남은 밤
아찌나 긴지 뒤척이어 보지만
가늠할 수 없는 끝자락

꽉 찬 밤
평생지기 옆구리를
검지로 찔러뺏는데 아직 멀었나

애써 동지죽 쒀 대접해 드렸더니
식곤증에 깊은 잠 드셨는지
배불러 게으름 피우신 지
버튼 하나 눌러 놓으면 등짝 뜨뜻한 방
봉창封窓에는 여명이 하세월이다

한민족

동녘 땅 명당
반도에 자리 잡은 백두대간
오천 년 민족
신바람 즐길 줄 아는 민족

호랑이가 눌러앉은 백두대간
해마다 순서 바꿔 가며
육십 간지가 인사드리려 왔다가 가는 걸 보니
이제껏 살만한 터에서 살았나 보다

징 장구 꽹과리 들고
온 세계 누벼
신바람 일으켜
올 일 년도 살만한 세상 이룩하세

우리 한민족들이여!

눈님 친구들

하얀 고깔 쓴 눈이
가로등 불빛 밑으로 오라더니
콧등에 슬쩍 앉아
스르르 녹아 내 입술 적시네

어깨에 앉은
눈님 친구들이
친구가 눈에 밟혀 못 가시고
내 입술만 바라보시다
나에게로 자꾸 친구들 불러들인다

가시라
툭툭 떠밀어도
하얀 보자기로 길을 자꾸 보쌈하시면
무슨 수로 집에 갈까요

홀사랑

골바람 타고 온
바람 같은 당신
버들강아지 따라 파고든 아양
뜨겁게 문질러 고드름 녹소

그 끓은 물에
달달한 커피 한 잔 적시어
대접하고 싶소

늘
당신
어디메 있는 줄 아요만
긴가민가 싶어 머뭇거리다
그때나 지금이나
식어 빠졌소

일부러 나왔담서

흘긴 농익은 눈빛
얼떨결에 눈길을 피하고 말았다
보는 눈이 많아

연두색 스카프 목에 두르고
일부러 밤마실 나왔담서
입꼬리 살 추켜 눈길 주고선
살랑 여운만 남긴 채
도심 밤길을 휭하게 가로지른다

꿰뚫어 놓고 가 버린 기미幾微
차라리 오지 말지는 백주대낮까지 사로잡아
영 놓아 주지 않는다

봄 아씨들

봄바람이
가지도 건드리고
땅도 꼬집어
산야가 터트린 꽃봉오리는
먼 길 눈초리도 낚아 올린다

사람도 건드려

출렁거릴 햇살 덕에
얇아진 옷자락 속을 살랑 들춰도
씽긋 웃은 아씨들
걸어가는 발걸음 소리 위에 활짝 핀 꽃봉오리
삼신이 돌보시어 핀 꽃
어느 꽃이 이 꽃보다 더 아름다우랴?

연분홍 꽃 가락지

연분홍 꽃 가락지
여린 손가락 자랑하다
봄비에 눈물 흘린 사과나무 꽃
다이어 알로 바꿔 달라 떼를 쓴디

웃음엣소리 잘하는 봄비 아저씨
바꿔 줄 테니 커서 내게 시집오란다

영롱한 다이어 알
빛 바람이 밤낮으로 보살펴
수줍어한 사과가 다 큰 처자 되었다

찬 날 밤에 서리가 하얀 분 발라
바람에 태워 데려가려다
눈치 십 단인 해님께 들켜
바깥어른 손에 끌려 아저씨 집에 간다

막연한 미련

어제 내린 봄비
가로수 초록 치마 적셔
치마에 살이 올라 오동포동

오늘 아침
치마 걸친 처자
서두른 발걸음 위에
앞뒤로 휘젓는 손바람이
빌딩 숲에 잠든 바람을 깨워 데리고 간다

처자 산뜻한 끼가 콧속을 후벼
혹시나 하는 마음에 곁눈질한 사내
출근한줄 모르고
그 집 앞에 미련 남긴다

하얀 면사포

하도 부르다 보니
제법 부를 줄 아는 노래
분위기 망각하고 산통 깬다

글쎄 이 노래가
자기랑 함께 나이를 먹었나 했더니
살랑살랑 어울려 놀 줄도 알더라

인편에 시집갔다기에 애달파
보초 서면서 배웠던 노래
이수영 하얀 면사포

이 노래를 부를 때면
그때가 새록새록 튕겨 나와
촉촉한 웃음 머금게 한다.

장미를 껴안을까 싶다

바깥 어르신 보실라
밖으로 고개 내밀지 마시소
곱게 얼굴만 단장하시면
울타리 틈새로 담장 너머로 고개 내미시는데
고와서 길 가는 나그네 찝적거릴까 싶소

멋모르고 아기씨 낯에 반해
덥석 손 붙잡을까 심히 걱정이로세
가려진 가시에 찔려 상처 덧나면
애먼 아기씨만 탓하러 올까 싶소

아기씨 모셔갈 임은
뙤약볕 등에 올라탄 신록이
산천 뒤덮을 푸른 도포 자락 펄럭이며
더위를 거느리고 온답니다

신바람

보라!
이곳저곳 사방을
활력이 넘쳐 용트림한 신록
산등선 타고 하늘을 찌르려 간다

따르라
바람아!
내가 왔으니 겁낼 것 없다
내 거느린 품 안 식구들을 보라

펄렁거린 푸른 도포 자락 속
무럭무럭 자란 내 자손들
용수철처럼 튀어 올라
만수 강산 접수하려 군무를 춘다

도도히
치솟아 오른
반도의 신록 광무를 막을 테면 막아 봐라
이것이 신바람이로다

별놈의 생각

마시려
두 손 모아 뜬 샘물에

초승달 닮은 가시내 눈 생각나
내 눈 닮은 그믐달 쳐다보고
막대로 그린 두 얼굴
너랑 나랑 닮았다 했더니
보성강 건너 아미산* 고라니
하도 어이없어 깔 깔
웃음소리에 놀란 버들잎 강물에 내려앉아
조각배가 되어 소식 가져온다더니
서울에 살고 있어 한강 멀어 못 오나
진즉에 난파되었나

나 원 참! 눈 뜨고
별놈의 단막극 다 써 본다

* 순천시 주암면과 곡성군 목사동면 경계에 있는 산

입술 맛

살림살이 꿰찬 안주인
성가실 정도로 잔소리를 찔러도
늘 대꾸 없으시더니
웬일로 지그시 자꾸 웃으신 양반

콧속 벌렁거리게
맘속까지 자지러지게
사전에 아카시아랑 약속하여
떠보려 훔치려
나뭇가지에 달콤한 꿀 매달았다

꿀 따는 날
자식들에겐 꿀단지 퍼 주고
내 입엔 로열젤리 넣어 줄 때
때는 이때다 싶어 콧대 높으신 입술
맛을 함께 보았다

한량

무더기로 핀 밤꽃이
마을을 뒤덮었다
치마자락으로 홀기려다
잠들었던 남정네 역마살을 깨웠다

한량 끼 도져 움켜쥔 심보도
잡은 손에 슬며시 놓아주고 떠나려는데
이보시오 꼭 가시려거든
이 년 한 번은 보고 가셔야지요

혀 굴리는 소리에
북채 손에 들고 마루에 도로 앉은 인사
깊은 숨 몰아 토해 낸 육자배기
먼 산 꿰뚫어
기와집 지었다 허물었다 한다

가을 잎새

가을비에 젖은 잎새야
찬바람이 다가와
화려한 외출 있을 거라 귀띔하더냐
아니면 때를 낌새로 알았느냐

다 커서
떠날 때를 아는 큰 아가야

서리 내려
잠에서 깬 이슬이
또르르 뚝 건드리는 날
맥없이 꺾이지 말고
고상하게 춤사위 엮으며 내려와

바람이 진군가 부르거든
큰아가가 앞장서서
가을걷이 채울 곳간 문 활짝 열거라

불이다 불

내리쏟아진 볕에
낯이 익어 불그스레한 새색시
지나간 바람이 옆구리 질벅거려
잎새는 땅에 내려와 여루워서* 얼굴 파묻는다

눈만 뜨면 서로 마주 바라보다
진즉 연분이 났었는지
내려오자마자 임자 찾아가서는
살 맞대고 비벼 부스럭인다

지나던 바람은 부치기고
되돌아온 바람은 시샘이 많아
껴안고 뒹군 낙엽을 줄 세워 데려간다
그 광경을 지켜본 팔짱 낀 나그네
가는 길 잃고 텅 빈 가슴을 어루만진다

  * '겸연쩍고 부끄럽다'는 뜻의 전남 사투리

구름 낀 가을날

산에는
마른 낙엽들이 벌겋게 쌓여 가고
들에는
트랙터가 고개 숙인 벼를 모셔 횡한 때

욕심껏 곳간 채워 간 가을볕이
밤새 내린 서리에게 한 대 얻어맞으셨는지
한풀 꺾여
쥐색 구름 뒤에 종일 숨어 계신다

나잇살 못 속인다더니
늦가을 볕도
나잇살 먹어 구름 속에 파묻혀 계시고
제 세상인 양 의기양양했던 저 사람도
몸과 마음을 추스르지 못하고
가을 속에서 몹시 을씨년스러워한다.

눈 구경이나 하시게

송년의 달이라
귀가 좀 간지러울 거네
잦은 잔술에 발걸음은 허공을 딛고
때로는 옛 잔상을 불러들인다

그대 이름과 함께 오늘 놀아 볼 요량이네

응축되어 쌓인 연가가
아이스크림 녹듯 스르르 애간장에 녹아
홑사랑을 마음껏 입술에 축였다

가슴패기 속을 울리는 북
마음껏 두들겼더니 천둥소리가 나고
함께 어울리는 잔상이 천상을 뚫어
하늘에는 흰 눈발이 휘날린다

희姬야!
그대 귀가 아주 간지러워도
적당히 긁으시고
창문 열어 눈 구경이나 하시게

제3부 창 끝에 찔렸다

봄비

하늘에서 내려온 봄비
하필 미끄러운 비닐우산에 내려와
넙죽 엎드려 떨어지지 않으려 애를 쓰다
가로등 불빛에 떠밀린 빗방울
고인 물에 떨어져 왕관 빼닮아 튀어 오른다

멋 부리고
뽐내고
예쁘고 싶은 봄비 아기씨들
때는 이때다 싶어
머리에 진 선 미 왕관들 얹고서
메마른 누런 떳장 떠들어
삐쭉 내민 아가 입에
젖가슴 열어 뽀얀 젖꼭지 물린다

덤으로 준 하루

겨우내 잠자던 시냇물
버들강아지 꼬리치는 재롱에
선잠 깬 부스스한 얼굴 위로
물살 가르고 찾아온 원앙 한 쌍
목욕도 하고 입도 맞추고
깃털을 곱게 서로 다듬어 준 걸 보면
혼삿날이 며칠 남지 않았나 보다

용의 해라더니
청룡 비늘 위에서 잔잔하게 놀던 햇살
청첩장 톡톡 쏘아 올리고
서리는 둑에 하얀 비단 깔아
신혼 길이 번지르르하다

올 2월은 청룡이 덤으로 준 하루가 더 있어
살 집 성주도 쉬엄 쉬엄 여유를 부리고 있네

기우

참매 높이 치솟아
빙 돈 선회 몇 바퀴
뽀송한 하얀 구름 모두 걷어
터줏대감인 산봉우리께 입혀 드리고
전신주 꼭대기에 앉아
아랫마을 세상사
두 눈 굴려 매섭게 내려본다

대낮에 참매 보란 듯
무당거미 전선에 밧줄 동여매
왔다 갔다 빙 돌고 돈 푸닥거리
손끝 맵게 그물망 여무지게 치더라

그림자 보일라
덫에 걸려들라
해지고 어스름해질 녘을 놓치지 말고
잠자리 찾아들거라

빨간 머리핀

산봉우리 억새가
은빛 실뭉치 설렁설렁 풀어 꼬드기자
우리 갈 누나 홀딱 반해
가을 첫머리 붙잡아 얼른 바늘귀에 끼셨다

나뭇가지에 색동 매달며 산길 내려오실 때
돌부리에 걸려 바느질 건너뛰실라
보고파도 보채지 않으렵니다

가지 난간에 매달아 놓은 단풍잎
나에게 주시고 동장군께 얼른 가 보세요
눈사람 오거든 머리핀 해 줄께요

묵상默想

운해는
나이 드신 뫼
휘어 감아 승천하고
화사한 옷으로 치장할 나뭇잎
임 찾아 하산하는 길

싸늘하게 분 바람
잎 살갗에 비벼 스칠 때
내숭 떨며 민망해들 하더니
함께 어울러 벌겋게 달아오른다

눈 맞아도 바라보아야만 했었던 잎새
꽉 찬 나이에 단풍 들어 가랑잎 돼
땅에 내려와 이승에 가는 길
짝 이루어 간다

빨간 잎새 한 장

땀 흘렸어도 힘든 줄 몰랐고
신바람 나 가을걷이 끝낸 소슬바람
툇마루에서 걸쳐 한숨 돌리는데
동장군 오실까 싶다며 어서 봇짐 싸란다

심통 나 귀띔한 햇살 바라보고
죄다 흔들고 잡아당겨
떨어진 낙엽들을 데리고 이사 가면서
그래도 안됐었는지
잎새 서너 장 가지에 남겨 두고 떠난다

많을 땐 모르겠더니
띄엄띄엄 눈에 띄니 그지없다
줄 잘 타기로 소문 자자한 거미
한눈파는 사이 누가 훔치러 올까
그나마 남은 잎새도
또르르 말아 자기 집 하자며 데려간다

홍시 맛

홍시야!
가지가 몸 흔들어 까불 때
바람 따라 까불지 말고 꽉 붙들어
된바람 해코지할까 싶다

도로 아미타불
저놈의 까치 쌍도 모르고
지 배 채우려 능청 휘청
눈치 빠른 홍시가 폭삭 내려간다

폭발한 화산이
선홍빛 분화焚火 되어 튀어 오른다
눌어붙으면 입맛 볼 수 없으니
날 짐승아! 잔치하자
단맛 보려거든 늦기 전에 어서 오너라

찬 날 가로수

곧게 뻗은 가로수
식구 떠나보내고 멋쩍어
고개 꼿꼿이 세워서
높다란 하늘 향해 삿대질한 걸 보니
까칠해 보인다

여름날엔 수더분해
오가는 행인들
그늘 밑 찾아 옷고름 떠들어
손부채질하더니

겨울날에는 그늘 떠나보내고
훤칠한 그림자랑 오가는 차 구경하는구나

창 끝에 찔렸다

부엌 연기가
뒤꼍 굴뚝 난간에 서서
빌빌 꼰 몸으로
하늘에 추운 먹구름을 쑤셔 댄다

먹구름 무리 제풀에 못 이겨
눈보라 내려보내 눈발로 산야 짓밟고
백마 되어 몰려온다

처마 밑을 철옹성같이 지킨 연기
고드름 창끝으로 앙칼지게 대적하자
아예 눈 벼락 쳐 버린다
비탈진 처마 밑에 하얀 눈이
창끝에 찔린 채 폭삭 주저앉아 있다

능소화

보여 주지도 못할 얼굴끼리
예쁘다 아릅답다고?
보지 않았으니 추녀이신지도 모르지
담장 너머 길 가던 나그네
큰 소리로 부스럼 긁어 염장 지릅니다

맞다 맞아! 왜? 우리끼리 이러고 있어!

연지 곤지 찍고
입술에 립스틱 발라
담장에 길게 줄 서 앉아
힐긋 쳐다보고 지나간 저기 저 사람
애간장 한번 녹여 보세
발길 되돌려 오나
우리 한번 내기 걸어 볼까?

하얀 투망질

흰 망아지가 날뛴다
어느 사이 날개도 달았나
높은 자리 꿰차
마음대로 휘몰아 몰이를 시작한다

하얀 투망을 넓게 펼쳐 던진다
오 백 리 길 사방을 가두어
있는 자
없는 자 만사를
한 투망에 잡아들인다

사로잡힌 줄 모르고
설렌 마음 주체 못 하고 터트린 감탄사
야! 눈이다
첫눈

흰 백 천지

하루 새 세상이 허옇다
꽉 짓누른다
답답해 터지려 꿈틀거려도
만인이 좋다니 눈치만 살핀다

내 몸
우지직 꺾이고 휘어 터질 것 같다
꼬라지* 참는 데도 한도가 있다

일어서거라
바람에 의탁하여 털고
네 세상 네가 알아서 살란 말이다
내 신발을 좀 버렸어도 모셔 왔으니
해님께도 의탁해 보시라

* '신경질'의 전남 사투리

겨울비

섣달 스무이틀
눈보라 설 쇠시려
대목장 보러 가시고 없던 날
우사雨水가 잽싸게 빗방울 데려왔다

뗏장 속으로 젖가슴 내밀어
새끼들 깨워 재촉한다
젖꼭지 빨리 물거라 눈보라 오실라

선잠 깬 내 새끼들아
쭉쭉 빨거라
삐딱하게 쳐다본 저 해님 삐져
진눈깨비 데려오면
아프다 그만 빨거라
속에도 없는 말을 해야 한단다

매화꽃

어디 가셨습니까?
이녁이 데려온 꽃망울
밭에서 집에서 출산기들이 있는지
산실 채비하느라 부산들 떱니다

으스스 추워
초산인 새댁이 머뭇거리자
지긋한 노파 노산인지라 함께 힘들어하시며
조금만 기다려나 보세나!
말씀이 끝나기도 전에
살핀 눈치가 힘차게 꽃망울 뒤흔들어 터트린다

양지쪽 언덕에
오매불망 기다렸던
매화꽃이 활짝 피었습니다

함께 울어 보세

나목이
하늘을 찌른다

내가 아니 그랬거늘
바람만 불면 삿대질이야
서러워 못 살겠다
나도 오늘 같은 날엔 울어 봐야겠다
땅이 질퍽하게 울 사람 없는 겨

겨우내 참았던 울음
십 년 묵은 체기 가시도록
속 후련하게 함께 울어 보세
인간들아!
봄비야!
주룩주룩 울어 보세 엉엉

합방 흔적

꽃이
활짝 피어 웃는다

아름답다
예쁘다
탄성 지른 당신네 감탄
어디까지 여운 데리고 가려 하십니까
임이 꼬드기러 왔으니 이만 내려놓고 가세요

합방 치른 흔적
낙화 되어 나뒹굴어도
오다가다 보시고 눈살 찌푸리시지 마세요
거룩한 흔적
해 달 별 바람이 보듬어 갑디다

시집가셨나

장미 아기씨 시집가셨나
화동花童이 뿌린 꽃잎 말라비틀어져
가신 임 길 따라 널브러져 있다

너무 고아서 누가 데려갈까 싶더니
가시만 남겨 두고 가긴 가셨네

너무 어여쁘셔
뜰에서만 놀아라 당부하셨어도
꼰두발* 서서 담장 밖으로 얼굴 내미시어
오는 이 가는 이 손 잡아 주시더니

더위에 흘린 땀으로 신부 화장 지워질까
서둘러 시집가셨나
장미 아기씨 손 한번 잡으려
날 잡아 일부러 왔는데
시집가시고 없네

* '까치발'의 전남 사투리

태풍

태풍 카눈이 한라에서 백두까지
이 나라 중심부로 관통할 거란 예보다
이왕지사 잘된 일 확 갈아엎어라
이러나저러나 피해자는 늘 약자가 아니더냐
돌고 돈 일자리 새로 생길 일이니
숟가락 놓을 자리 미리 살펴
위안을 삼을 일이다

보라! 저 물보라
성큼성큼 다가서는 저 바다
집채보다 더 큰 파도가 무리 지어 걸어온다
양식업 하는 어부들 가슴에 파도가 비수 되어 찌르고
썩어 가는 바닷속 밑바닥 갈아엎었으니
바다에서 살아가는 저 생명들
혼은 났어도 새 물결 새 포대에 담으려니
콧노래가 절로 날 일이다

진정
때가 묻은 너 몸뚱이
이번 참에 어떻게 갈아엎어졌는지

거울 앞에 선 자신의 모습을 점검해 볼 일이다

밤꽃

버선발로 마중 나선 밤꽃
이 밑동 저 밑동 찔끔 숫내음에 왕창 피었다

긴 혀 밤낮으로 끌어당겨
남 시선이랑 아랑곳하지 않고
뒤엉켜 쏟아 낸 내음 천지가 진동하여
하는 수 없어 청첩장 골바람에 실어 나른다

우리 지금 시집 장가갑니다
침 발라 봉창 뚫으려거든 놀러 오세요

소문난 잔칫집 음식이 별로라고들 하지만
누렇게 잘 익은 토실한 밤꽃 국숫발
한 사발 드시러 오세요
북적거린 저 애 앵 소리 들리시나요
손가락에 침 발라 대낮부터 봉창 뚫네요
뭐 볼 거 있다고

햇빛 예찬

햇살이 바람 손끝에 이끌려
잎새 겨드랑이 떠들어 가는 길
용케 사이사이 잘도 찾아들어
그늘진 곳
왕진 끝냈는지
인사치레하는 새 가 버린 햇살

온 천지 찾아 보살피려니 오죽 바쁘시랴

두더지가 아닌데도 햇빛도 못 쐬니
창백한 얼굴이 안쓰러웠든지
쉬는 날 날 잡아 창문이 열릴 때
구름 타고 가던 햇살이 잊지 않고서
푸른 입술에 핏기가 돌게 입맞춤하고 간다

초행길에 첫 대면

초행길이지만
제집인 양 비윗살 좋게
맡겨 놓은 듯 꿀 가지러 오는 벌

첫 대면인지라
인기척에 낯설 법한데도
낯을 가리지 않고 죄다 받아들인 꽃순이

다 큰 저 처자
단물만 빼앗기면 어쩌나 했더니
촉수로 버무린 합궁이 얼마나 좋았던지
활짝 핀 꽃들은 야스락거리며
홀리는 미소로 또 오라고들 할까

이녁이 보기에도 남사스럽제라

가을을 밟았다

툭!
정수리를 친다

가을을 재촉하는 빗방울
헤 웃으며 팔뚝 어루만진가 싶더니
몸을 흠뻑 적시려 후두두 호들갑을 떤다

너를 피해 서둘러 가는 길
은행나무 밑에 가을이 내려와 기다린다
나뒹군 누런 알갱이 밟지 않으려 애쓰는데
안 보셨으면 몰라도 나를 보셨으니
가을 소리도 들으시고 느끼시며 지나시란다

가을을 밟았다
가을이 바스락 바삭바삭

땅거미 푸념

딱한 주인 사정 엿들은 대봉
남들보다 높은 시세 받아들이고 싶어
빨갛고 먹음직스럽게 익으려 애쓰다
마음이 앞선 나머지 다 커서 허망하게 낙과 한다

언덕 뒤흔든 천둥소리
놀란 땅거미 제 살자 뛰쳐나와 놓고선
속살 드러내 쪼개진 채 땅에 엎어진
모래알 씹은 대봉을 바라보고

참!
별일이네
주인은 어쩌라고 다 커서 떨어지나
익으려면 아직 이른데
구시렁대며 제 집으로 들어간다

술잔 대작

밤새 떠돌던 찬 이슬이
어둑하고 으스스한 틈새를 비집고
축축한 가을비 되어 내린다

보는 이 마음도 측은하게 적시고
불그스레한 단풍잎도 적시더니
늘어뜨린 잎새 얼굴이 하도 벌겋고 고와
지나가던 바람 손님이 탐나는지
자꾸 흔들어 떨어지면 껴안고 데려간다

보다 못한 단풍나무
껴안고 있던 잎새들 몽신* 탯줄 끊어
수북하게 쌓아 올린 불그스름한 이파리 위에 앉아
아무렇지도 않은 듯 흐느적거리며
느긋하게 손님과 함께 이슬주를 대작한다.

* '많이'의 전라도 사투리

게으름 피운 날

쨍쨍해야 할 마을에
떼 지어 내려온 재색 구름
마을 입구 누구 하나 막고 나선이 없어
마을을 삼켜 어스름하다

바람기만 있어 보여도
지레 겁먹은 잎새가 꺾여 떨어지면서
을씨년스럽게
빗방울을 마을로 데려온다

어디 가셨소?
여름내 쫓아다닐 때는 언제이고
꼭 이맘때만 되면 나 몰라라 게으름 피우십니까?
해님! 어서 서둘러 오셔서
스산한 마을 생기 찾아 주소서

제4부 이름표는 달아 줘야지요

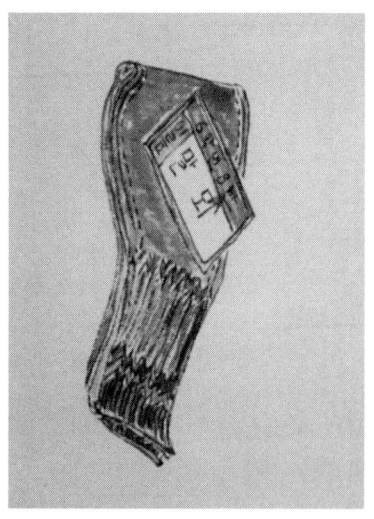

땅따먹기

아그들이
어디로 다 갔지
사금파리로 선 그어 만든
너 땅 내 땅 우리네 땅
다 사라지고 흔적조차 없네

우뚝 솟은 건물이 자기 땅이라 버틴다
코흘리개 우리네 땅인데 말이다

어안이 벙벙해
슬며시 물러서 있다
차 경적에 놀라 정신이 번쩍 든다

이것들아 어디에 있냐
사금파리로 다시 선 그어
땅따먹기 하자
너 땅 내 땅 우리 땅 다시 만들어 보자

땅 허물고 길 허물어

치자梔子로 노랗게 풀 먹인
삼베 짜실 실
잿불 화기火氣에 큼직한 솔로 손질하시다
비설거지하라 날 깨우신다

어머니!
삼베 짜시려 노랗게 물들인 고운 실
비에 몽씬* 젖었습니다
아 야 저것 말고도 비로 만든 실
하늘에서 줄줄 내려 주시는데 뭔 걱정이냐
베틀에 앉아 후딱 삼베만 짜 놓으면
목돈이 되는 것을

어머니 !
삼베 짤 실이 아니고요
어머니 아버지 오가시는 길
줄줄 비가 내려 땅 허물고 길 허물어
영영 오가실 수 없게 저 길 떠내려갑니다

어 생시가 아니네

아직도 자식 못 잊어 목돈 챙겨 주시려 오셨습니까?

* '몽땅'을 뜻하는 전남 사투리

타령가

태몽
불세출
변변치 못해
고귀한 땀에 육신 찌들어도
하루라도 일 못 하면 좀 쑤셔 병날 사내
구부러지고 튀어나온 손가락 마디 보면
맛난 음식도 아까워 목이 메이고
세상 구경 삼아 나서려 해도
일 못 잊어 발길 돌릴 사내

말이 나왔으니 말이지
살 낙樂이나 있긴 있었소
모르는 소리 고개만 돌려도 새끼들이
별처럼 소주잔 옆에서 조잘조잘
지새울 밤 옆구리 찌를 처妻가 있어
이것이 산 재미요

어르신 뒷심

씰룩거린 벼 엉덩이 속으로
날랜 바람이 파고들어 벼가 애를 뱄다
홀몸이 아닌 벼를 돌보시느라
밤낮으로 물꼬 지키신 어르신
출산한 벼꽃을 땀방울로 씻겨 주신다

활짝 핀 새끼들
나락 알갱이 언제 될까 싶더니
어르신 조석으로 일으키신 서늘한 바람 먹고
묵직한 알갱이가 고개 숙여 인사한다

하얀 쌀 한 낟알이
한 되가 되었고 가마니가 되어
시장에서 산 돈
어르신 자존심이고, 어깨 지탱해 줄 뒷배다

이게 꿈이다

오솔길
호젓하게 걷다가
갑작스레 길 옹색스러워
뿍뿍 기어오른 낭떠러지
이 악물고 머리카락 쫑긋 세워도
힘 들어간 다리 사이로 찔끔

하찮아했었던 풀포기 잡고
위험천만한 꼭대기 바위산 기어올라
우뚝 서서 토해 낸 포효에
흐릿한 서울 천정이 열리고
내 가슴패기 뚫렸다

어찌나 세차게 만세 합창했던지
침대 모서리에 손 다쳐
잠이 확 달아났다.

사진 한 장

찰칵
사진 한 장
글로
말로
입으로 설명은 필요 없다
렌즈가 불러들인 세상사 한 컷

뽐낸 피사체
작가가 붙들어 이름 지어 부르지만
작품 속에 노닥거린 객
줄거리 이야기는 구경꾼 몫이다
손님 모습이 제각각이듯
터트린 심금도 길이 다르다

가을 탄 사내

뻥 뚫린 하늘 모서리
재색 괭이 닮은 구름 위로
복실이 닮은 흰 구름 한 점이
뽀짝이며 장난 짓궂어
쫓다 쫓기다가 일으킨 바람
가을색시가 되어 덥석 팔짱 낀다

우세스러워
살갗에 돋는 닭살
멍 때린 공空에 가을을 타게 하더니
야옹이 멍멍이 재롱 틈새로
뻗어 내린 햇살 지기
어찌 알고 응달까지 찾아들어
사내 등짝 토닥인다

이름표는 달아 줘야지요

비탈진 밭두둑 옮겨 다닌 넝쿨에
마른버짐 하얗게 핀 늙은 잎사귀 사이로
여리디여린 새끼 등에 업고
노란 호박꽃이 찬기 뚫고 고개 내민다

이녁이라 부를 바깥양반이
못 오신다더니 기별이 이제 닿아
아이 보려 왔나 본데 짠해서 어쩌냐

부드러운 잎 삶아 쌈으로 입맛 돋우시다
서리 올 기미가 보이거든 기상청에 청원 넣어
못 오게 붙들어 주세요
이왕 태어난 자식
밥상머리에서 이름표나 달아 줘야지요

광천 오일장

3과 8로 끝나는 날은 광천 장날이다
말끔히 차려입으시고 별 볼 일이 없으시면서도
장날이면 큰일이나 보러 가시는 듯
헛기침 몇 번으로 집안 기를 잡으셨다

뒷짐 지고 토방 나서시는 아버지께
생선 싼거리 있으면 사 오시라 당부하신다
그럼세 답하시고 사립문 나서신다

꼭두새벽부터 쇠전거리 열려
흥정하며 소 엉덩이 때리는 철퍼덕 소리
어미 소나 송아지가 목청 터지라 울어
워낭 세차게 흔들어도
흥정하느라 북적거리는 사람들
서러워 운 소 울음소리 남 일이더라

소 시세 알아보신 아버지
큰일 다 보셨다

쇠전거리 국밥집에서 막걸리 한 사발

어머니 심부름인 싼거리 생선
새끼줄에 매달린 채
집에 오시는 길 시작이다

주섬에서 지인분들이 부르시면
이 주점 저 주점 거절 못 하시고 들르신다
동안 생선은 배가 곯아 터지고
신작로 자갈길이 아버지 눈엔 갈지자 길이다

파리랑 벗 삼아 해 질 녘에 집에 찾아온 생선
구린 비린내가 온 집안을 쑤시고 다녀도
어머니께서 남새밭 풋고추 몇 개 잼핏잎 몇 장
숭덩숭덩 썰어 넣은 생선 전골
펄펄 끓어서 저녁 밥상에 올라온다

시상詩想

나는 말이다
두근거린다
시부렁거린 독백이
잔상에서 몇 가닥 문체로 놀러 와
쑥스러워하고
잘난 체하고
벌겋게 수줍어한다

그런 아이가 종이 위에서 함께 놀자 할 때
너무 귀여워 눈에 넣어도 아프지가 않아
그래서
자랑삼아 시어로 데리고 나갈 때가
상처 받지 않을지 두근거린다

빈 휠체어 끄집고 집에 왔습니다

시월 십칠일 고려장 휠체어
뒤에서 밀고 앞에서 끄는 장성한 자식
큰소리 날 뻔한 자책감 눈치로 짓누르고
가슴 칠 한탄도 짓눌렀다

어머니
입원비가 공짜래요
구순 넘은 노인이라 나라에서 치료해 준대요
어수룩한 자식 꾐을 다 아시면서
잠시 정신 드셨는지 그렇다느냐 잘됐다
병 고쳐 집에 가자

나 혼자 너희 육 남매 키워 제금까지 다 냈는데
90 넘은 나를 간수할 자식 하나 없어
주간 보호센터 다니라 하느냐
하셨던 어머니를 오늘은 요양 병원에 모십니다
고향 순천도 아니고 머나먼 서울에서

간호사가 끈 휠체어 타시고 들어가신다
치매가 있으신 어머니 정신 드실 때

얼마나 낯설어하실까
낙심이 얼마나 크실까
나 하나 간수 못 하고
서울 요양원까지 모시고 온 걸 아시면

여섯 새끼가 아니 저가 고려장을 했습니다
나라에서도 그렇게 하래요 돈 대 주며
체면에 머뭇거리며 눈치도 봤습니다
하늘 쳐다볼 면목도 없는 놈이
그래도 자식이라고 눈물은 나네요
먹고 살겠다고 발걸음 떨어지고요

일주일에 한두 번씩 찾아뵈는 어느 날
정신이 돌아오셨는지
여기 간호사 선생님이 잘해 주시니
걱정 말고 너희들이나 잘 살라고 하실 때
자식 속 편해라 새끼 원망하지 않으시고
자식 걱정이 먼저이신 어머니

그런 어머니가 이젠 말씀도 못하시고

눈으로 빤히 쳐다만 보셔
내가 안아 드려도 반응 없으시더니
어머니께서 평소에 애창하신 노래
집사람이 불러 드리면 반응이 있어 보이신 어머니!
애창곡 몇 번이나 들으셨다고
아버지께 가십니까

상尙 향饗

이름이 있어도
내가 모르니 잡초라 불러야겠다
올망졸망 푸릇푸릇한 늦가을 잡초들
으스스 추워 오들오들

옷감 짜려 베틀에 앉은 억새
깃털 뽑아 북통 속에 넣고 왔다 갔다
밤새 흔들어 짜낸 은색천 서리
온 산야가 추울까 사르르 깔아 덮어 준다

햇살에 좌악 갈라지는 소리
풀잎과 서리가 불끈 틀어쥔 기싸움 소리다
온 힘을 쏟아부어도 힘에 부쳐
식은땀이 풀잎에서 주르르 흘러내린다

핏기가 걷 풀어지면서 드러누운 풀잎
잡초 이름이라도 알면 축문이라도 써서 읽어 주려만
때마침 남의 집 조상 시제이니
축문 낭송 소리에 함께 실려
잡초 상尙 향饗

조숙한 진달래꽃

종잡을 수가 없는 날씨에
양지쪽 진달래는
늦었다 싶어 서둘러 터트린 꽃봉오리
그게 꿈속에서 일을 저질러 버렸다, 겨울인데

낮잠 깬 진달래
연분홍 아가가 이리 고운데 어째
엄동설한에 꿈결인 줄 모르고 데려왔으니

이왕지사
설핏 뽐내어 곱게 피웠으니
밤 손님인 서리 예쁘다 쓰다듬으시면
못 이긴 척 시치미 떼고 품에 안겨
돋아 오른 햇살에 딸려 시집보내야겠다

개망초

멀대 같은 저 놈이
제 한 몸 간수 할 자리만 있으면
척박하기 그지없는 땅이라도
가리지 않고 비집고 들어가
꽃 피워 검실거린다

척박한 땅
우리 육 남매도 매한가지
북적거렸다

흔하디흔한 그 꽃을
공주같이 컸어도 모자랄 것 없는
막내 머리핀으로 꽂아 준 기억이 쓰리다
후에 안 일이지만
그게 개망초꽃이었다

정월에 온 봄 전령

회초리 된 비가
유리창 자근자근 때린다
참견한다고 할까 밤새 창문도 열지 못했다

동장군 부재중이라 그리 설쳐 대느냐
폭할 때 그만 가 주렴
한기로 풍 맞아 빙판길 되면
우리 할매 낙상해 몸 상할까 싶다

대한大寒 데려오는 길
질퍽거려 누구 짓이냐 물으시거든
착해 빠져 곧이곧대로 답하지 말거라
동장군 가실 때 화 나셔
이름값 하려 꽃샘 남겨 두고 가실라

정월 초사흗날 울 엄마

사각사각
눈 내린 정월 초사흗날
꼭두새벽에 울 엄마 깨셨다

누가 먼저 샘물 떠 갈까 서두른 길
흔적 없어 안도의 숨 뱉어 내신다

정갈하게 세수하시고
물동이에 정성을 퍼 담으신 정화수
부엌에 떠 놓으시고 두 손 싹싹
장꼬방에 떠 놓으시고 두 손 싹싹
울 엄마 지극정성 하늘에 닿았다

샛별 알아들었단 듯
눈방울 또록또록 빛을 낸다

고향을 먹었다

수더분하게 핀 참꽃
어디선가 본 듯 눈에 익어 들어온다
산천이랑
사람이랑

놀란 눈 비벼 봐도
고향 산천 옮겨 놓은 듯
연분홍 참꽃은 철수랑 영희도 데려왔다

오는 사람 가는 사람 붙들고
어디 가요 뭘 그리 많이도 캤을까
별의별 참견 다 하던 할매도
울타리 가에 햇살이 양지쪽에 모셨다

연분홍 입술 벌리고
빨간 긴 혀로 날름거린 참꽃
다들 이리 오셔서 잡숴 보세요
입에 넣고 요물
고향이 담긴 참꽃
나도 수리산에서 고향을 먹었다

아지랑이 날갯짓

선잠에서 깨어나
삽 끄집은 소리 내시려고
긴 겨울밤을 지새우셨습니까

꼭두새벽부터
솥뚜껑 부딪쳐 차리신 밥상
진지 드시라 혓소리 구부리십니까

어르신 이제 봄이네요
응달에 아직 떠나지 못한 한기
넌지시 발길로 질러나 보시지요

한기 달아난 샛길
메마른 풀잎 뚫고 피어오른 아지랑이
나비 데리러 가는가 봅니다

담양 관방제림

어이 이리 와 보소
여기가 어디인지 아시는가
담양 관방제림일세

넘실거린 흙탕물 막아 보자 쌓은 둑
허물어질까 싶어 심어 놓은 저 팽나무
이곳 노인 족보를 봐야만 족히 나잇살은 알까 싶네

앞산 왕대도 알러는가 모르겠네
죽세품 파는 시장 좌판이 코앞이니
전설 같은 입담 대나무 통 속에 담아 보관했을 터

맞네 맞아 눈앞에서 일어난 이곳 사정
대바구니에 담아
팔도에 팔려 나갔을 전설 같은 이야기
들으려 보려 발품 팔아 구경 온 행락객

 이제야 그 소리 사각사각 듣겠구먼

모내기

써레질한 무논에
자기 빼닮은 노을이 있어
불놀이 같이하자며 들어간다
영특한 석양이 이글거려
무논에 물 마를까 주인장 애가 탄다

노심초사
달 별이 도란도란 등불이 되어
말동무 자청해 주니
물고 지키는 일이 한결 수월하다

올 일 년
햇살 달 별에 새경 주려고
올해도 벙벙한 무논에 모내기를 시작한다

생강나무 꽃

서운하더냐
글깨나 쓴다는 사람들이
매화꽃 산수유꽃에 극찬과 칭송을 남발하니

너도 솔찬히 눈에 잘 뜨인다

이 골짝 저 등선에서 만발해
생강 냄새 풍긴 보약 탕기 가지고 나와선
깊숙이 숨은 혈까지 찾아 뚫으니

삽자루로 뒷짐 진 저 어르신
이른 새벽부터 논밭 선잠 깨우셔
올 일 년 농사 시작하신다

보릿고개

누런 코를 쓱 닦아
손등이 반질 번지르르 윤기가 난 사내아이
고깃국은 언감생심
물에 꽁보리밥 말아 먹고
배불뚝이 배 사장이 되었다

감나무에 누렇게 매달린
배 사장 배꼽 닮은 감꽃 먹고
허기 채워진 배로 보릿고개 넘으려는데
해맑게 쳐다본 감꽃이 헤헤 배고프면 또 오란다

머리 희끗한 노신사
허리 굽혀 주운 감꽃 입에 넣고
또 오라는 보릿고개 입맛 다시며 넘어 본다

이럴 때도 있어야지요

아침에
벼 낱알 끝에 맺힌 이슬이
동녘에 솟은 붉은 점 하나 머금은
물방울 다이아 알 되어
부자 되시라 수없이 논에 떨어뜨린다

석양에
고갯마루에 붉은 점 하나가
자신 침실에 황금으로 금침 깔려다
당신을 외면하기가 어려워
벼 낱알에 황금알 매달아 고개 숙여 인사드린다

당신 땀과 발자국 먹고 자란 벼
조석으로 인사 받으려 찾아오시니 만복 받으셨습니다
내년이면 아파트 현장 들어선다지요

까마귀 울음소리

까악 까악
두 마리 까마귀가 운다

예로부터 내려온 말에
까마귀 울면 저승사자 온다던데
이른 아침부터 도로에서 울어 대는 저 까마귀
너희는 누구니

신호등 빨간 불에
겁도 없이 차도에 내려앉은 까마귀
죽은 까치 시체 쪼아 한입 물고 날아가고
내 머리 위에서 까악 까악 울던 까마귀
내 눈치를 살피다가 한입 물고 휙 날아간다

길조라던 까치는 사고로 죽어 있고
액운이 온다던 까마귀
곯았던 배 채우려다
출근하는 나를 보고 경계심에 울었나 봅니다
안심하세요
어머니!

이 글을 쓴 그날 밤 새벽
요양원에서 쓸쓸히 아버님께 가셨다

뭉게구름

잔뜩 찌푸린 재색 구름
가을 산천 옥죄려다 남의 사내 옥죄어
눈물을 핑 머금게 한다

눈시울에 맺힌 방울이 물안개 되어
이산 저산 떠돌다가
가을걷이 끝난 들녘에 내려왔다

수확 끝난 한들 논배미에
허리 굽혀 벼 이삭 주우신 부모님 허상
머리맡을 지나던 뭉게구름이 잠시 보여 주고
가던 길 재촉해 떠난다

가을 배 한 척

뿌리는 비바람이
가을 뜨락을 적셔 들어온다

히꺼비처럼 메마른 풀잎들이
곱게 차려입은 잎새들이
스쳐 지나간 비바람 무게를 못 견디어
아예 땅바닥에 드러눕는다

늦었다 싶은 녘 사
저리 가라 손사래 쳐도
턱 밑까지 들어선 비바람은
두 치 깊은 가슴속을 파고든다

펄펄 끓은 심장도
을씨년스러운 비바람에 짓눌려
보글보글 솟은 옹달샘 같은 심장에
가을 배 한 척을 띄운다

시작은 있어도 끝이 없다

아는 체하며
서로 살갑게 지내다가
가까이서 얼기설기 엮여 사는 살이
우리는 이웃이다

오가며 마주칠 땐
근황을 엿들여다볼 수 있어 웃고
안 보이면 궁금해 안부를 묻곤 하다가도
소식 닿으면 고개 끄덕인다

종무소식이다가도
때가 되면 인편에 소식이 따라온 걸 보면
시작은 있어도 끝이 없나 보다
이웃이란 끈이 질겨서

《우리詩》 시인선 086

내 이름은 설목이란다

초판 1쇄 발행 2025년 11월 20일
지은이 박태근
발행인 사단법인 우리詩진흥회
펴낸곳 우리詩 도서출판 움
등록번호 2021-000015호
등록일자 2021년 5월 20일
주소 01003 서울시 강북구 삼양로159길 64-9
전화 02)997-4293
이메일 urisi4u@hanmail.net
ISBN 979-11-994947-2-5

값 12,000원

* 잘못된 책은 바꾸어 드립니다.
* 지은이와 협의하여 인지를 생략합니다.
* 이 책의 판권은 지은이와 〈우리詩 도서출판 움〉에 있습니다